BERUHIGENDE OZEAN-MANDALAS

Achtsamkeits-Malbuch für Erwachsene
Anti-Stress-Meeresszenen für volle Entspannung

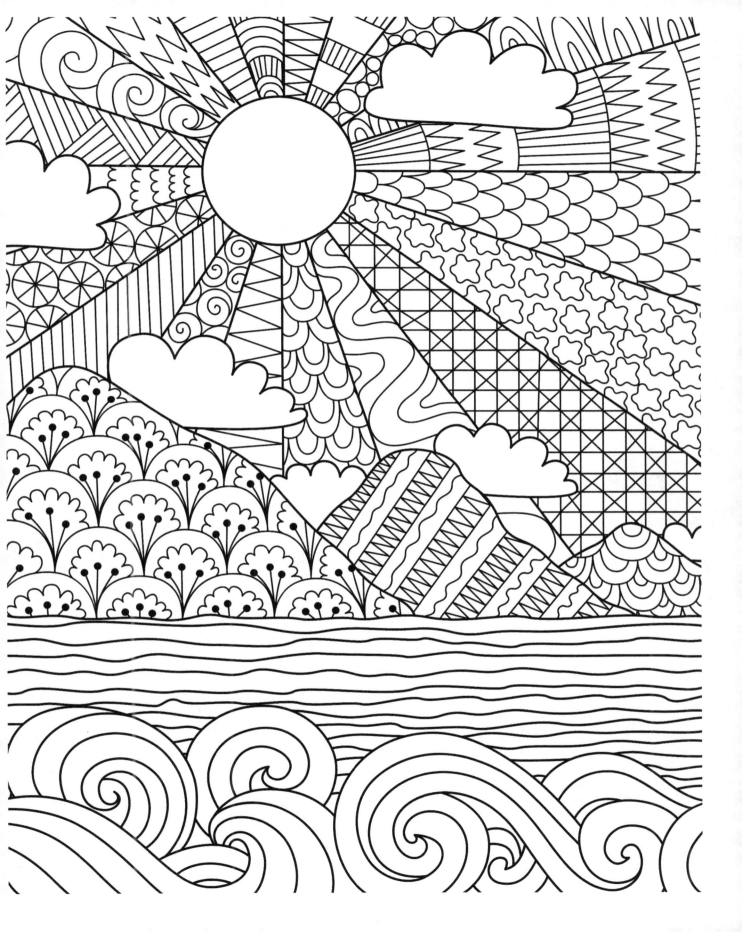

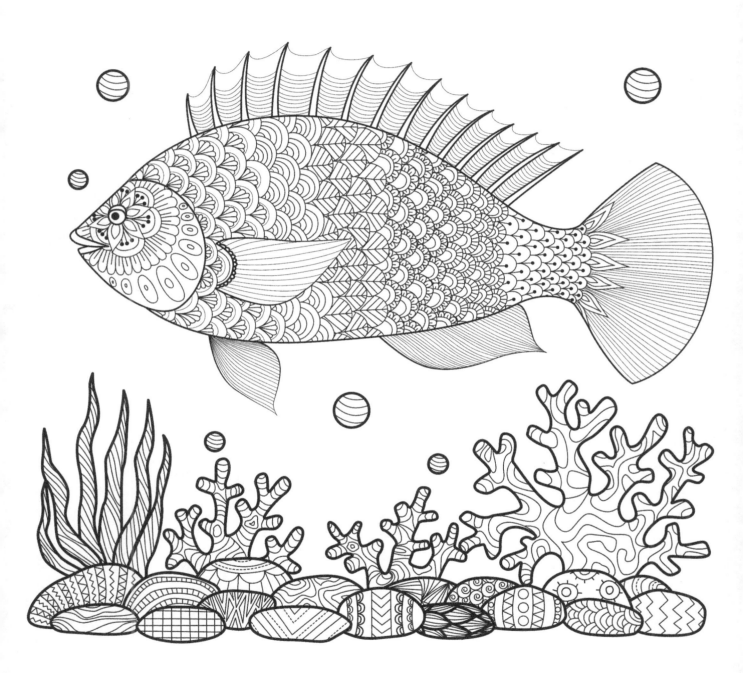

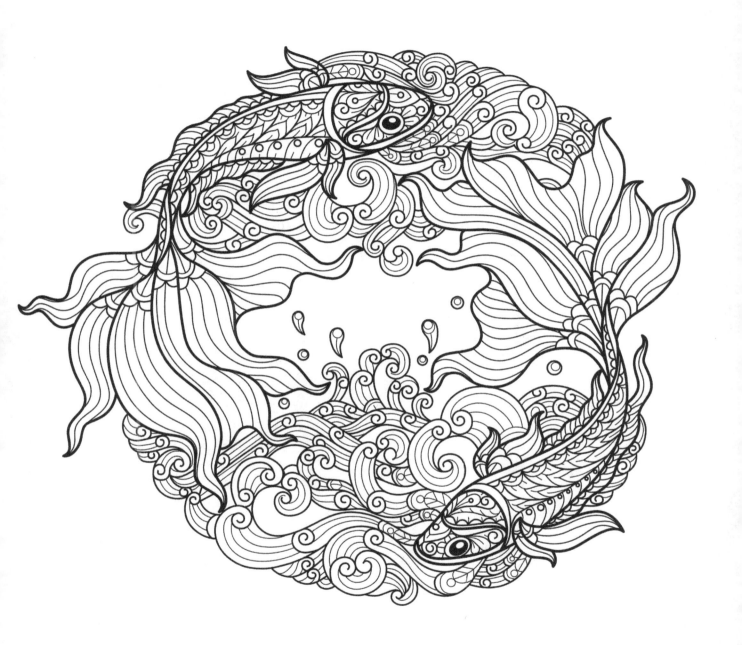

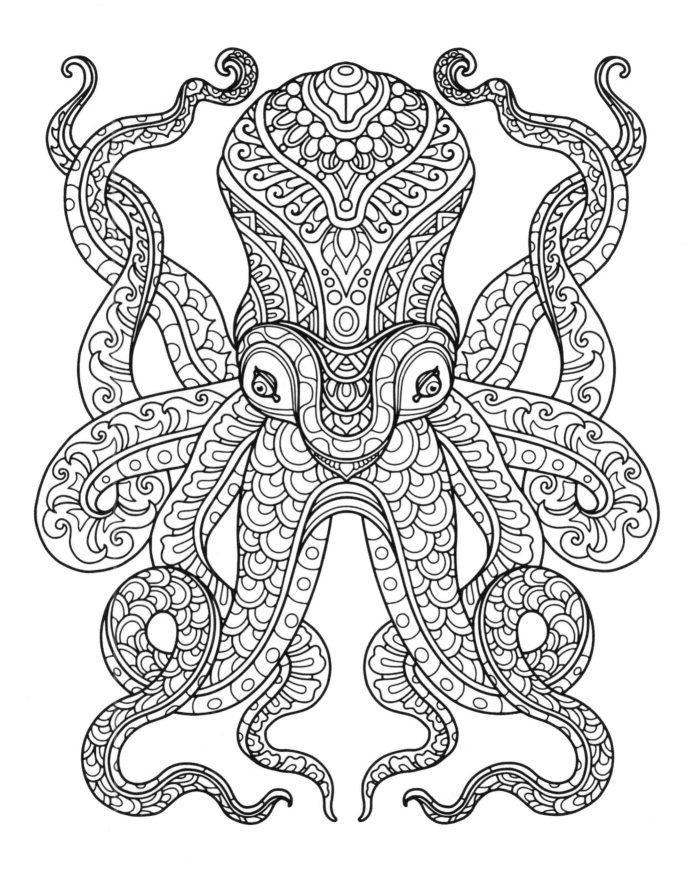

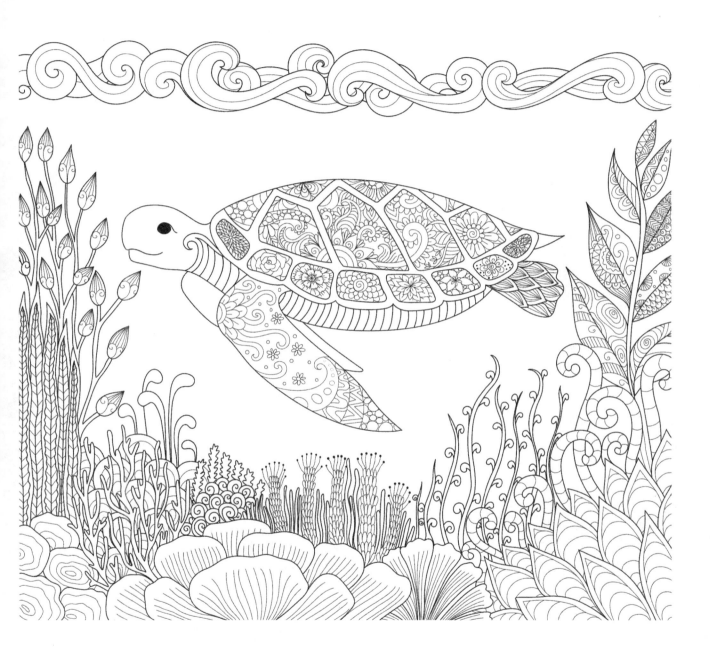

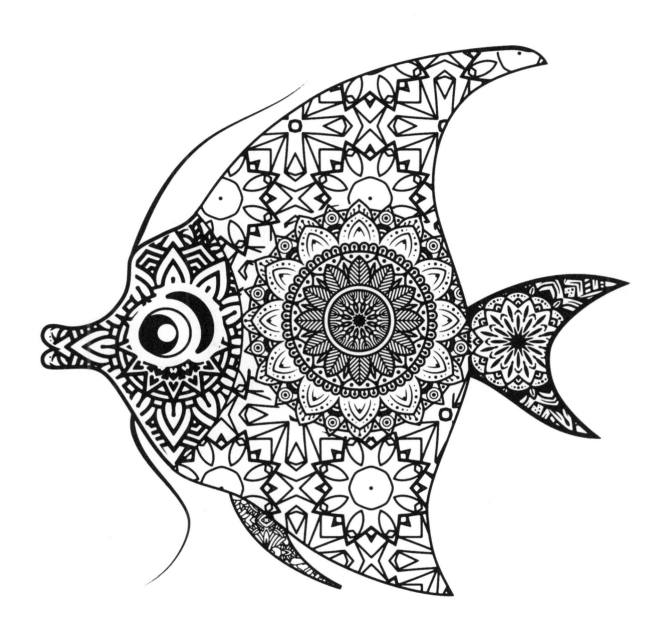

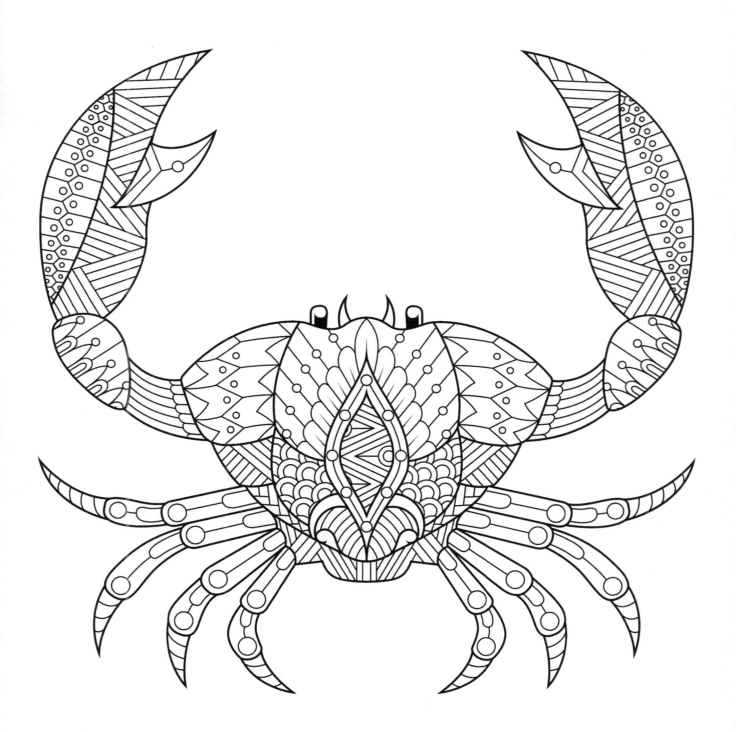

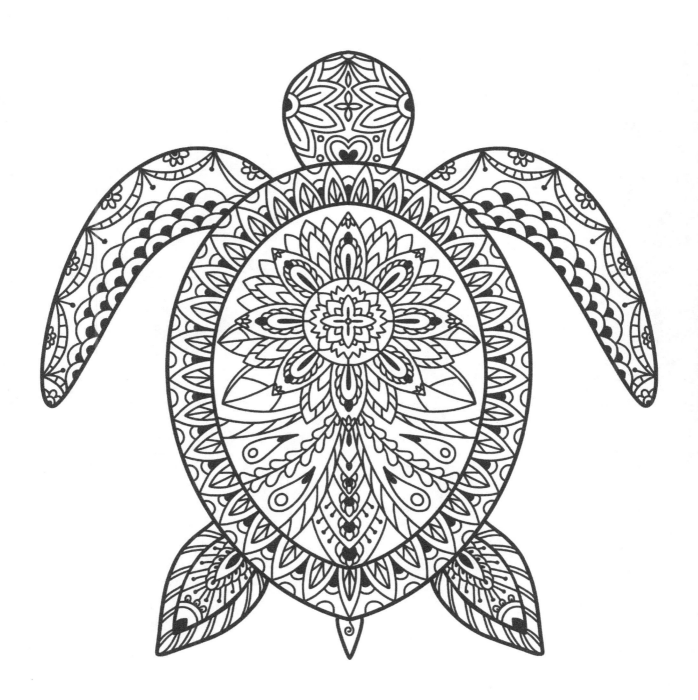

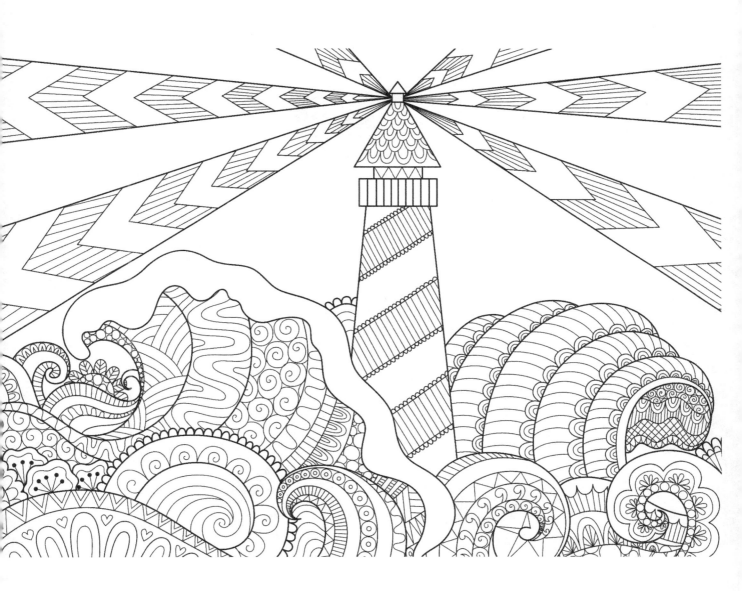

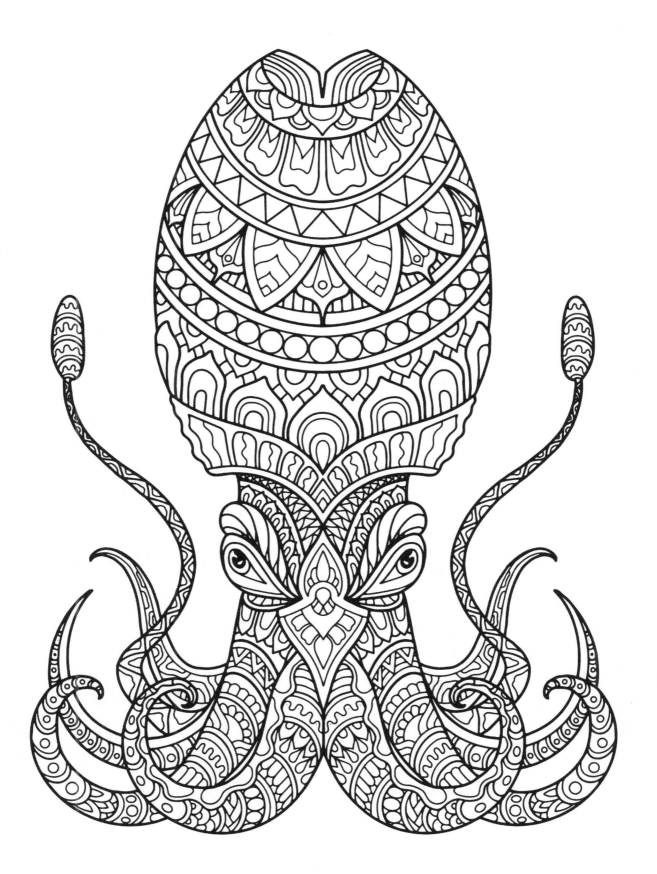

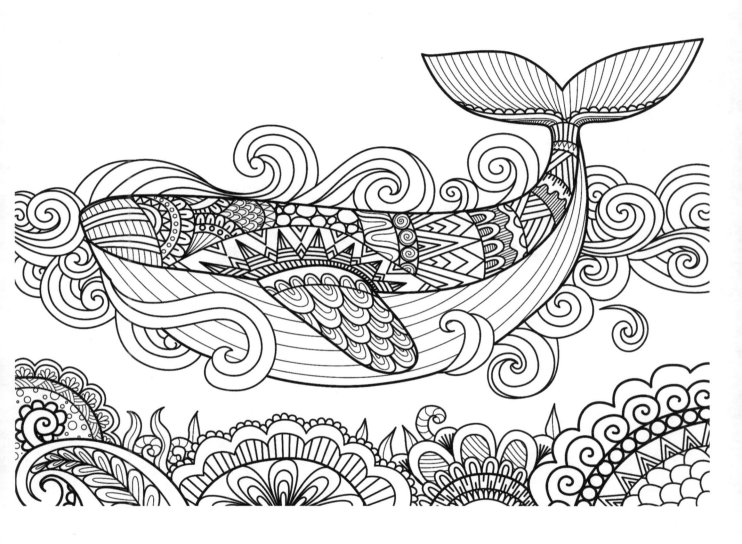

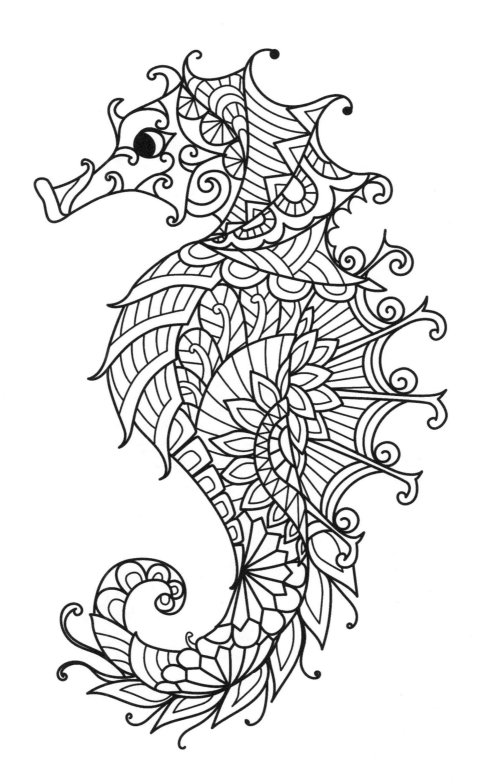

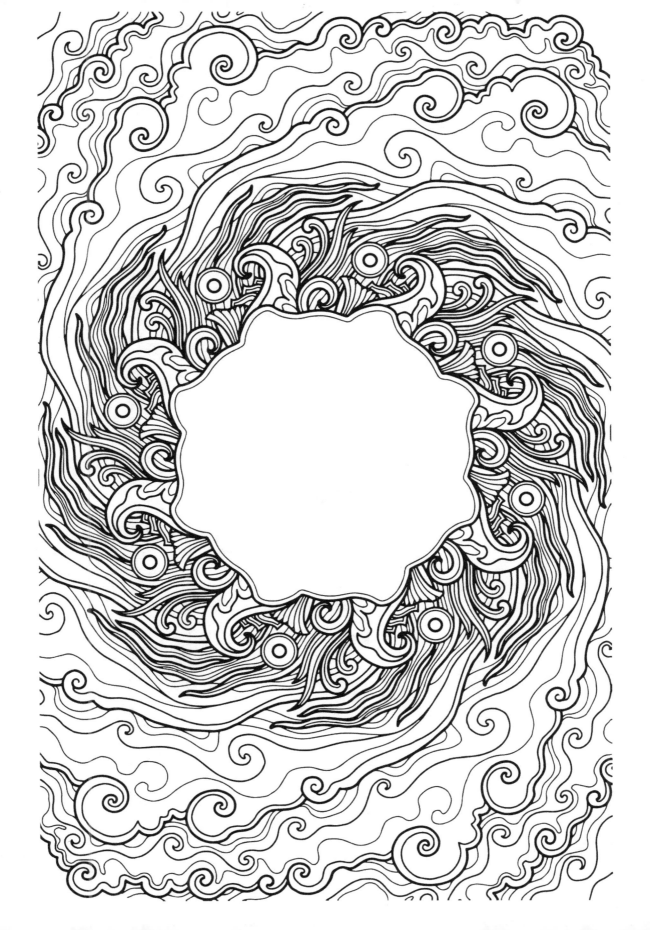

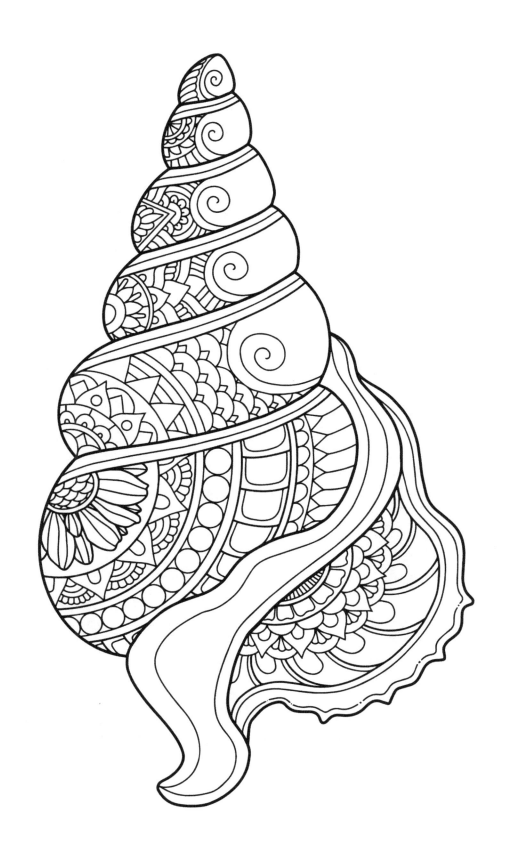

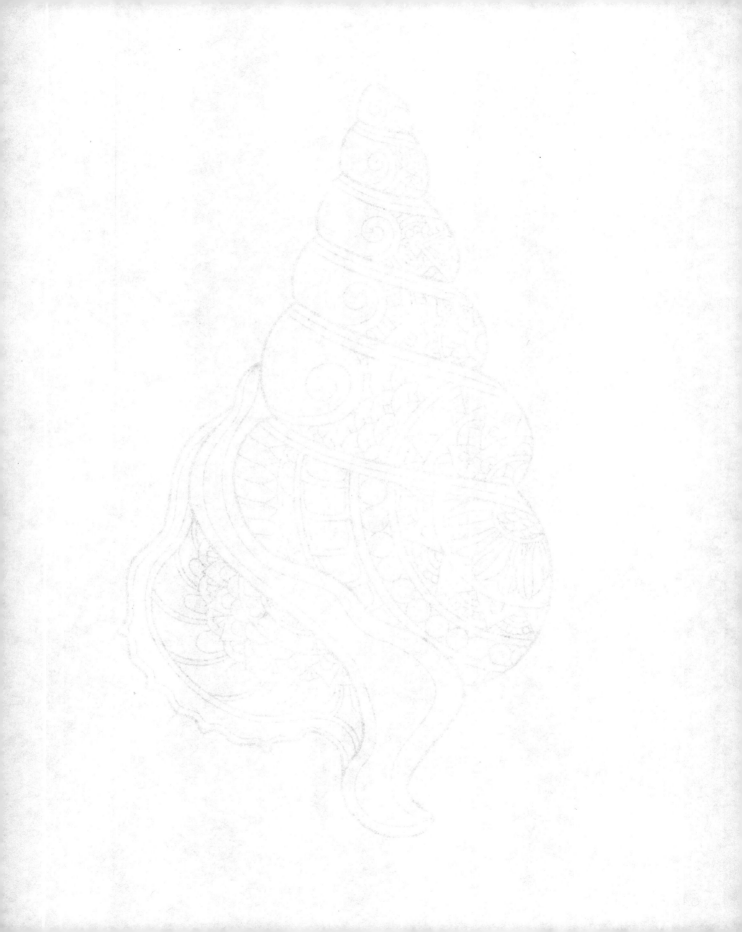

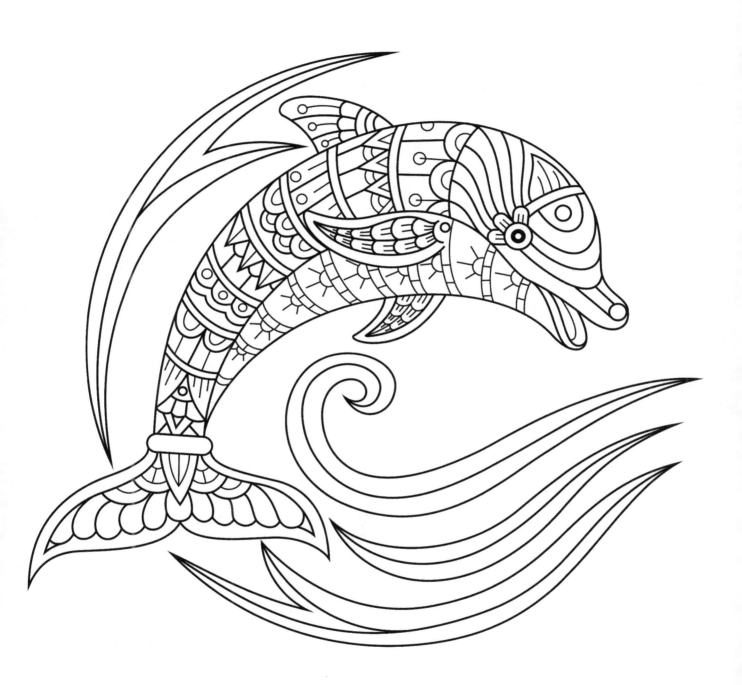

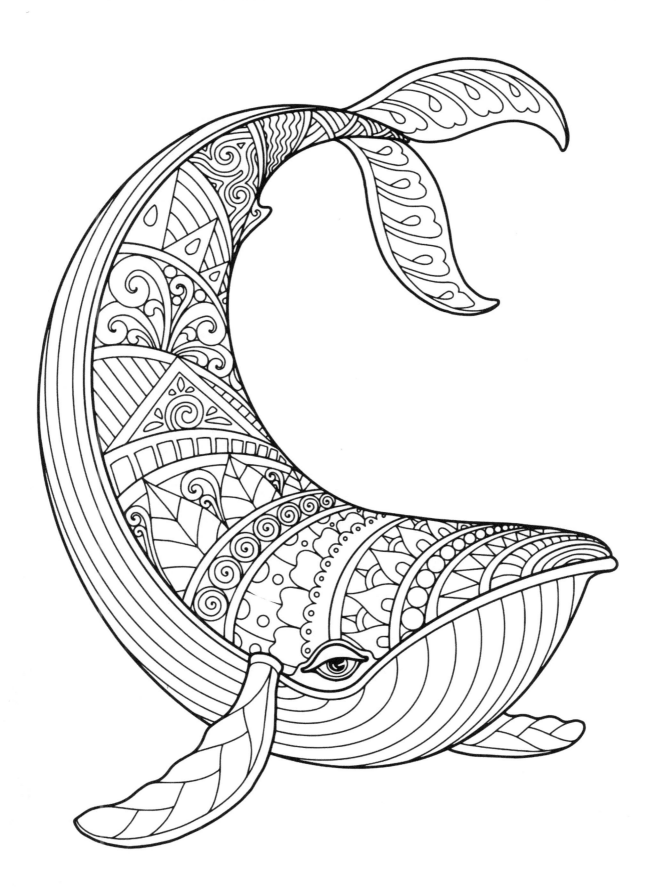

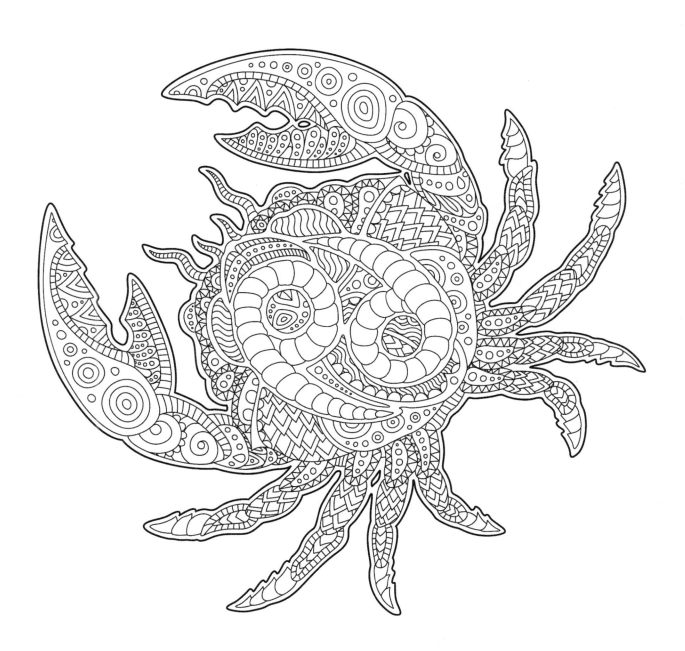

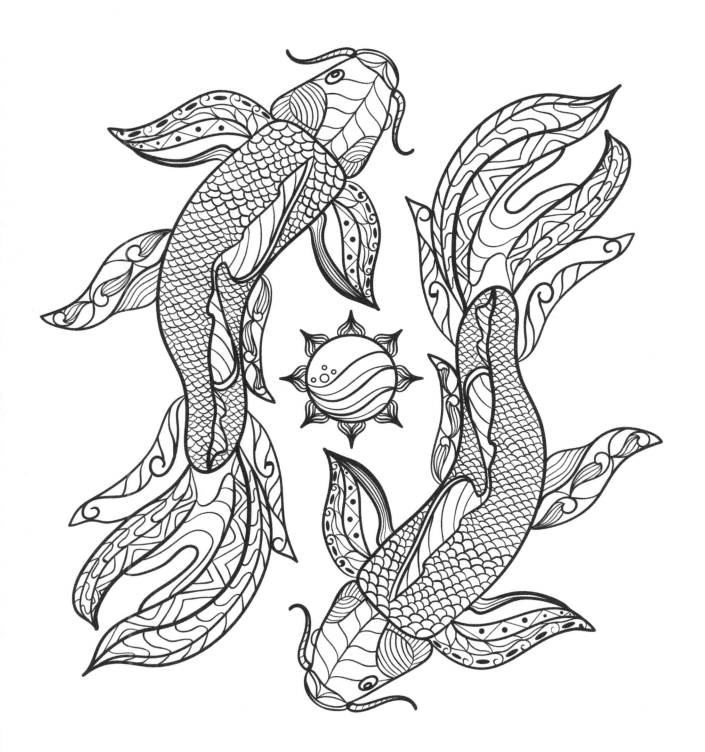

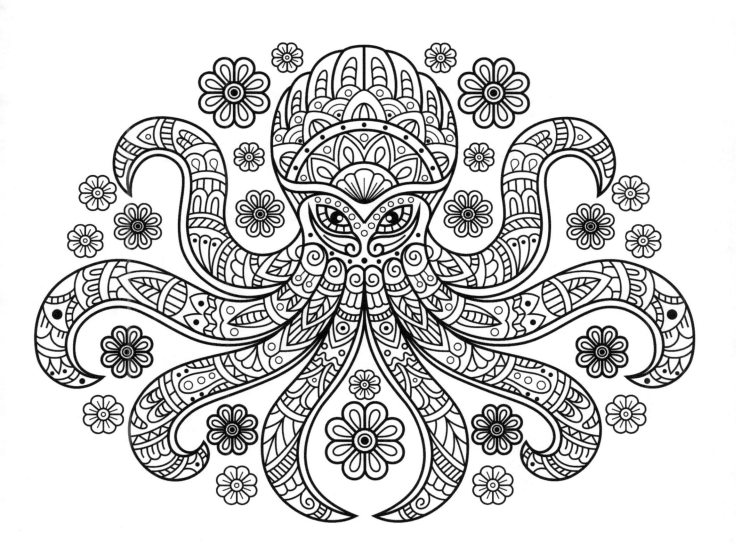

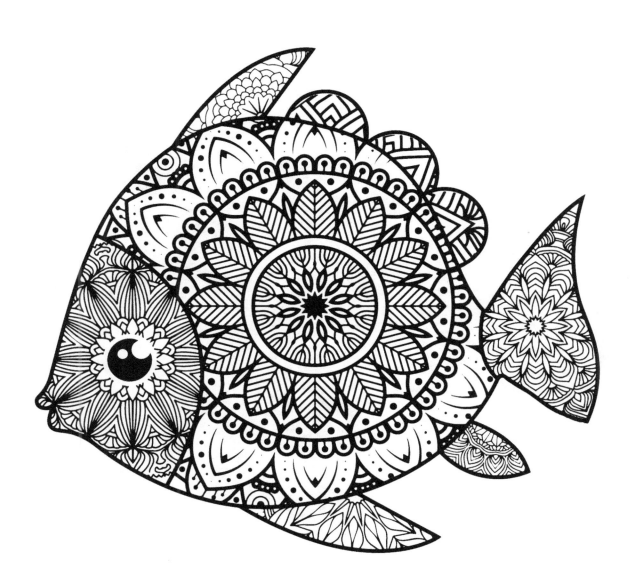

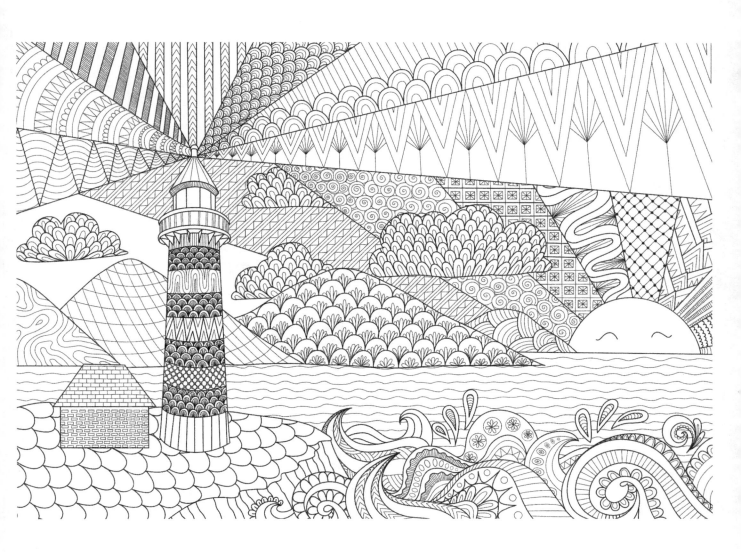

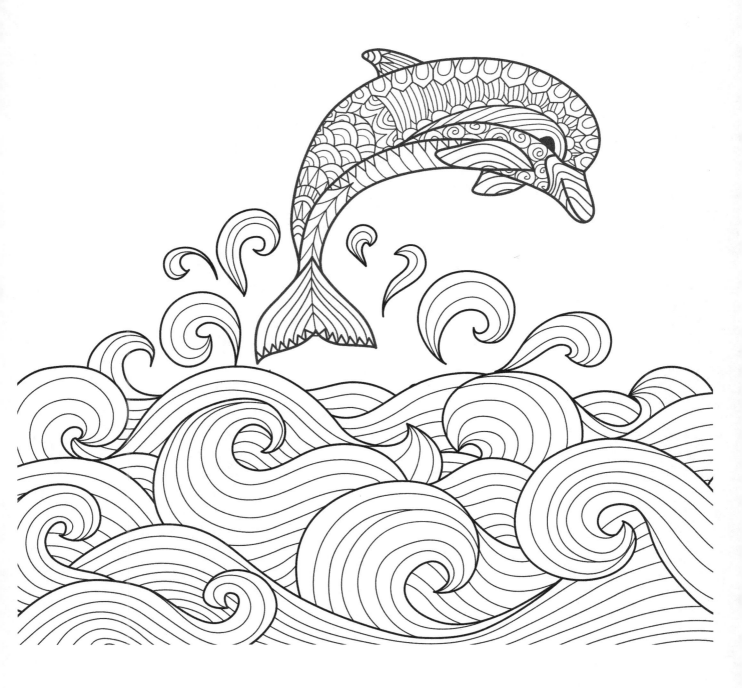

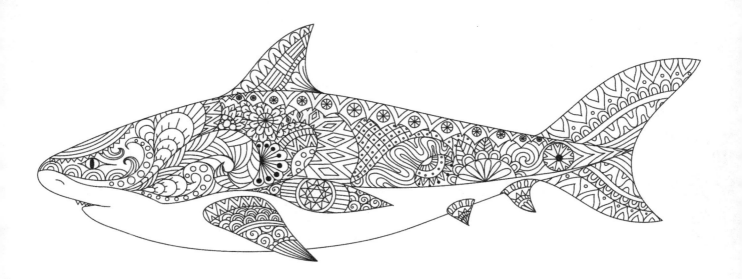

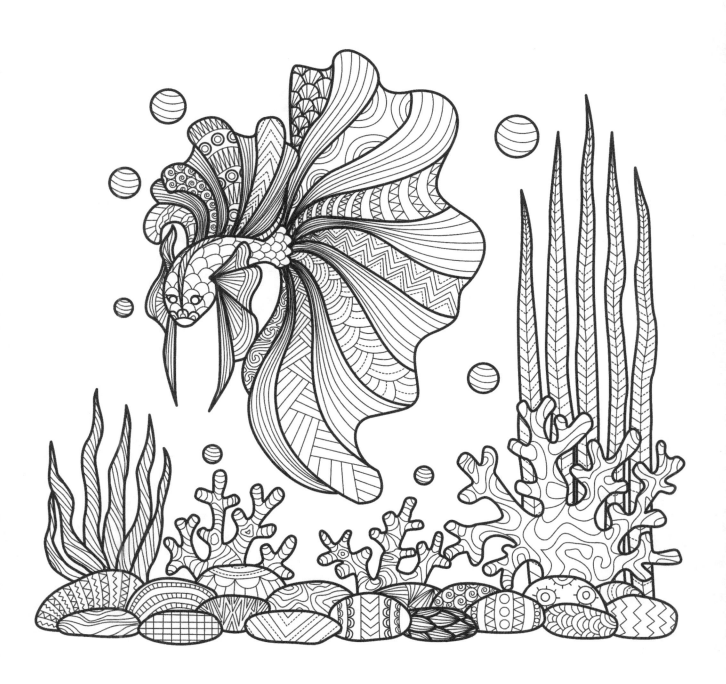

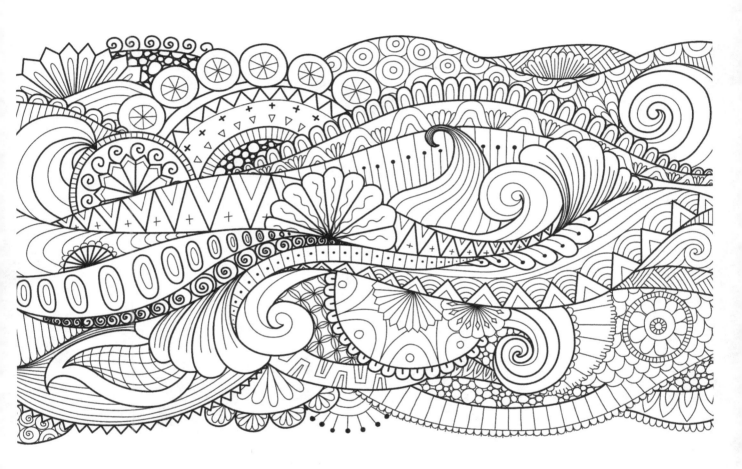

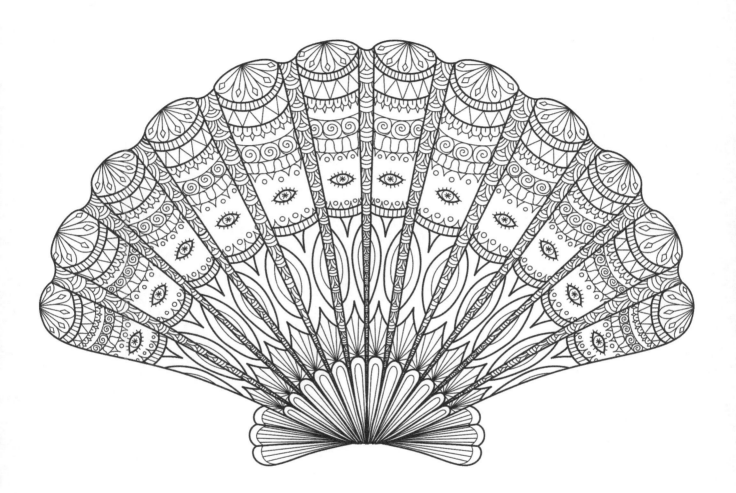

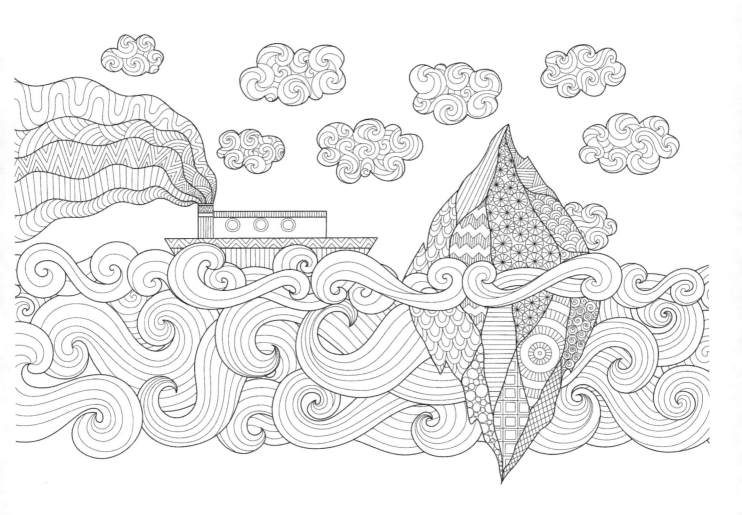

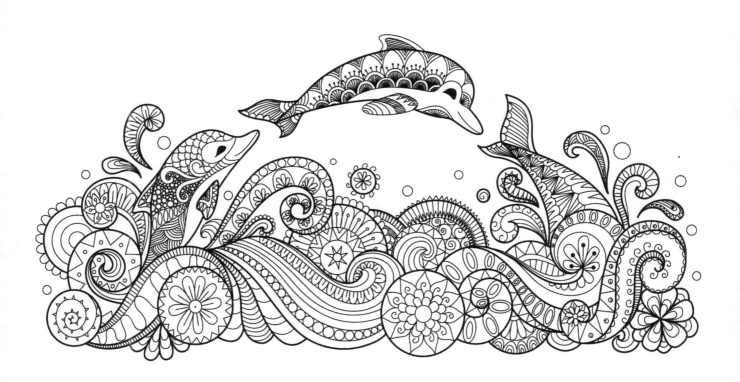

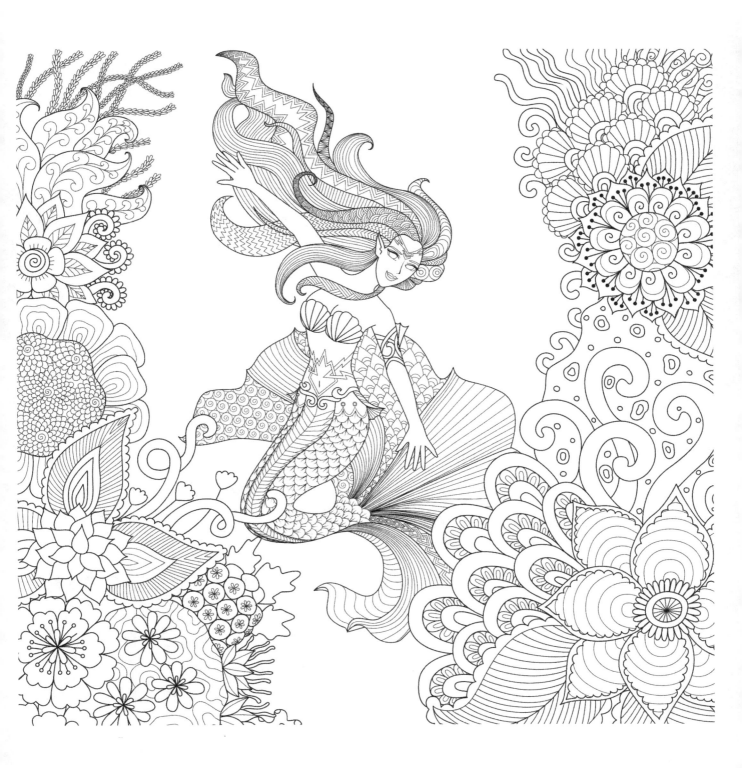

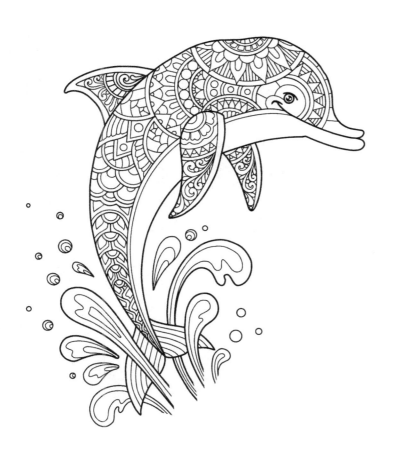
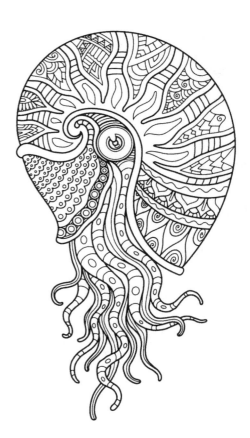

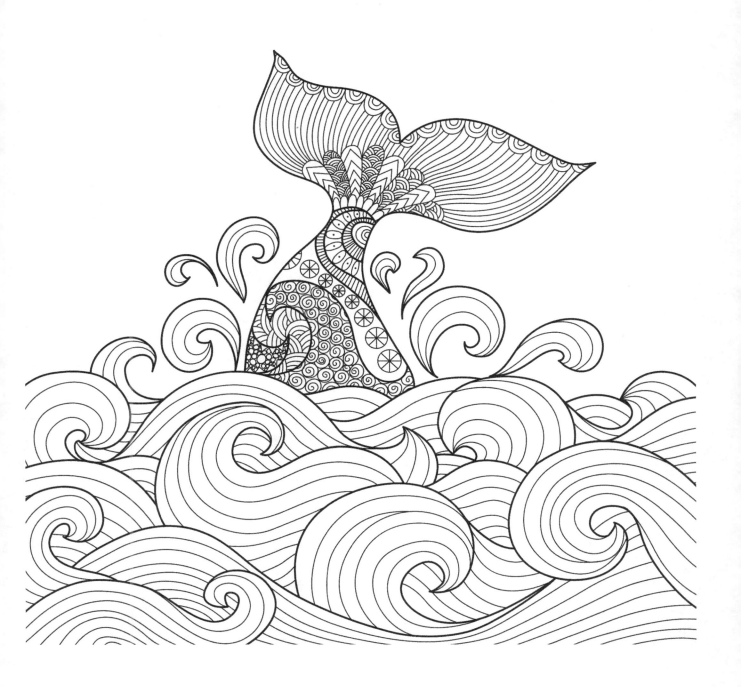

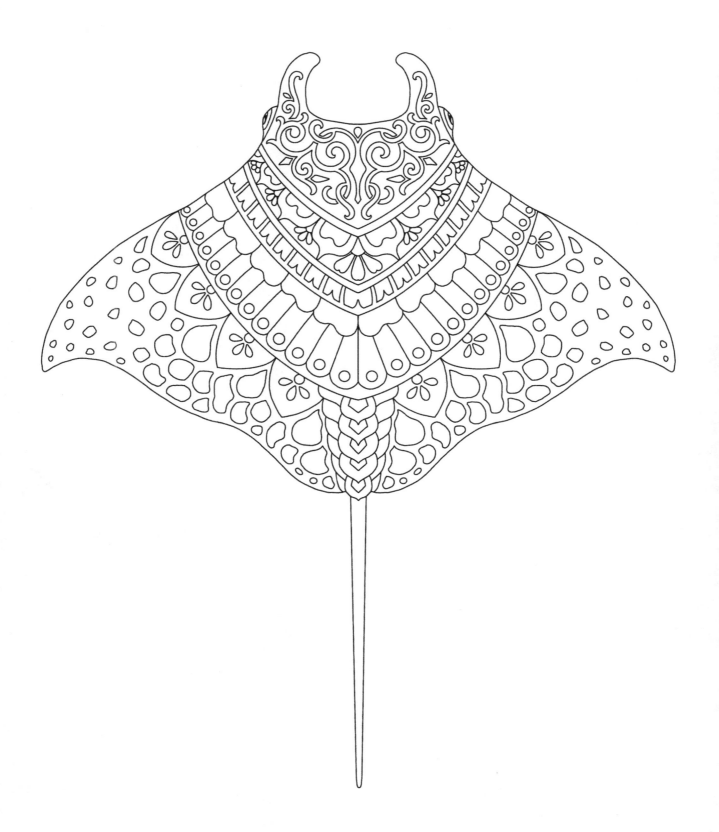

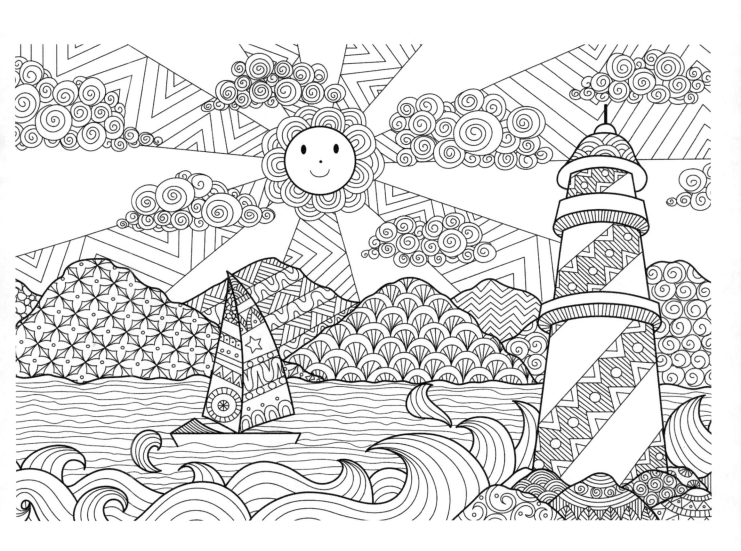

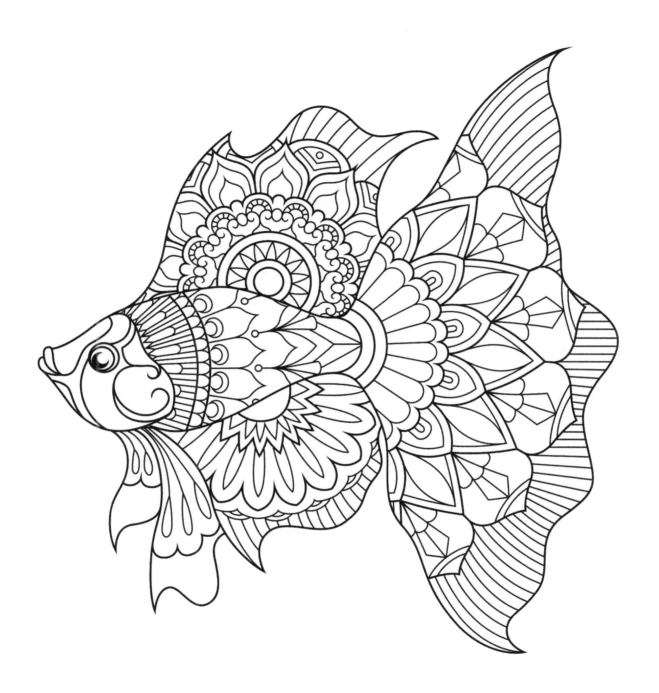

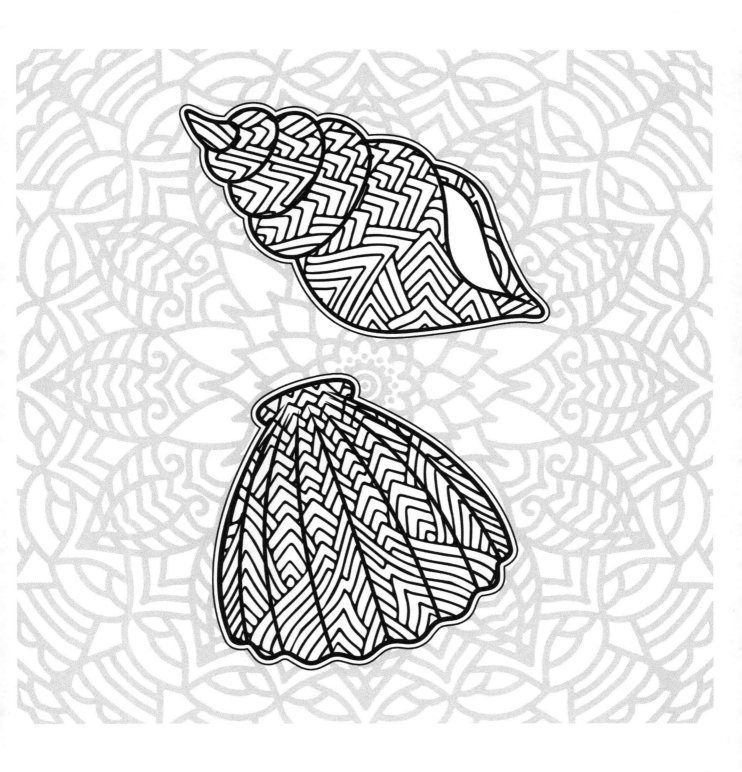

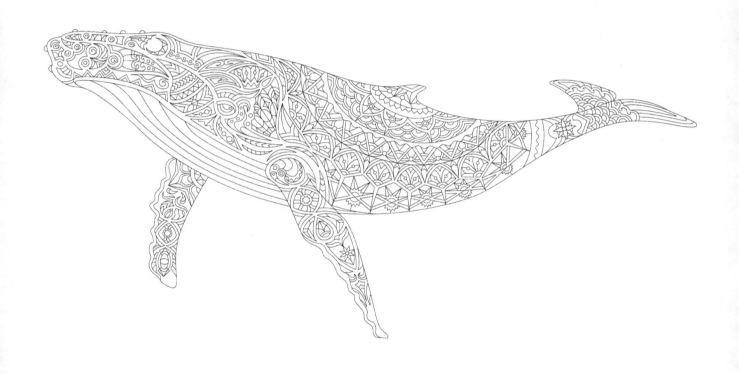

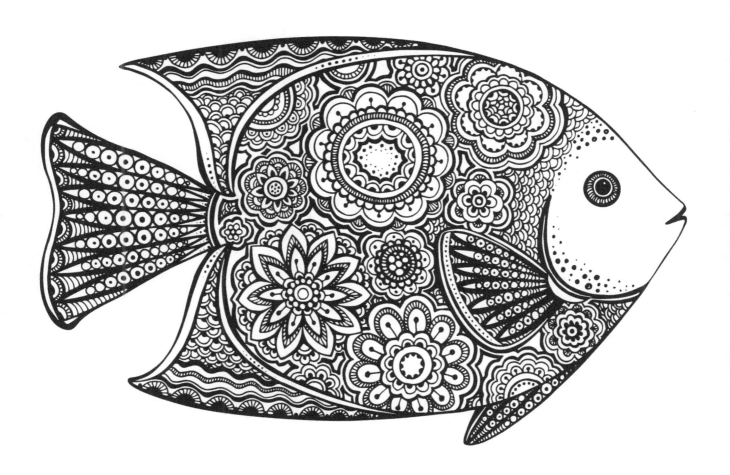

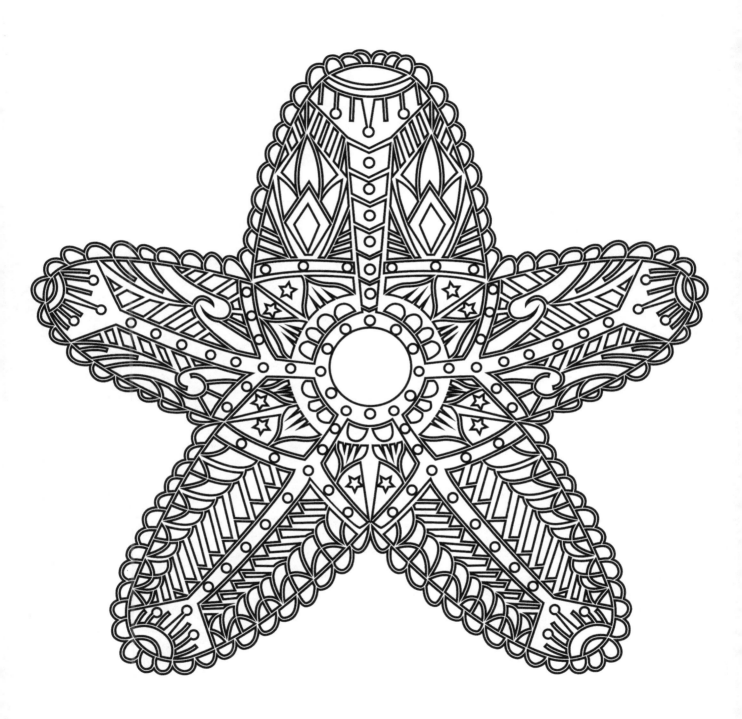

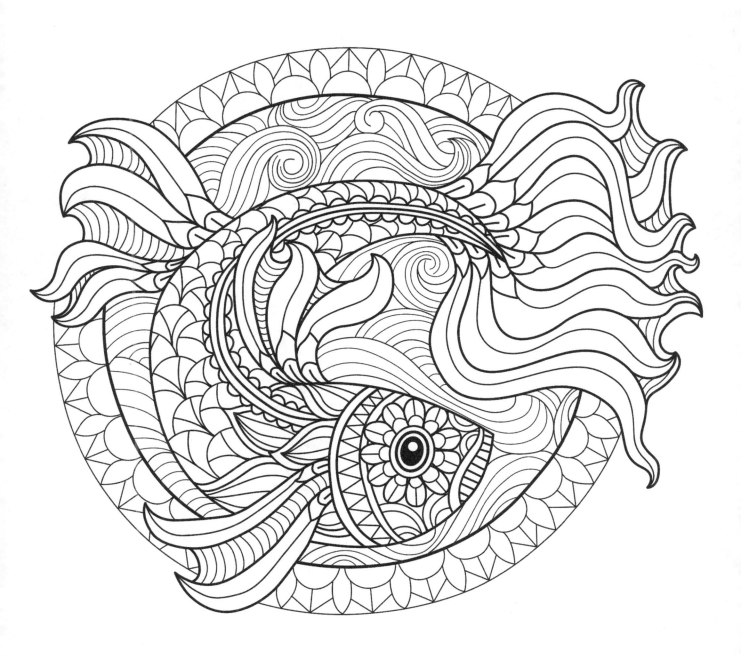

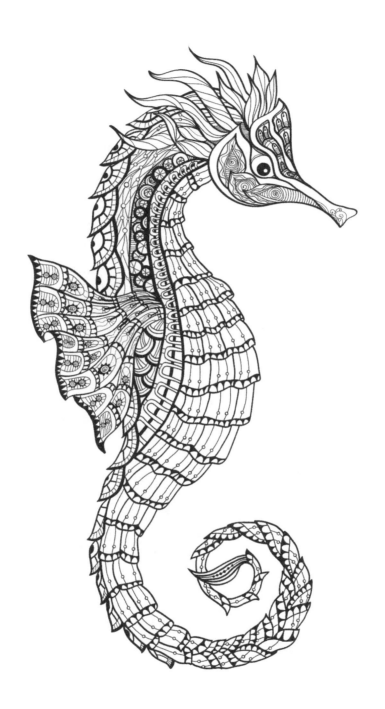

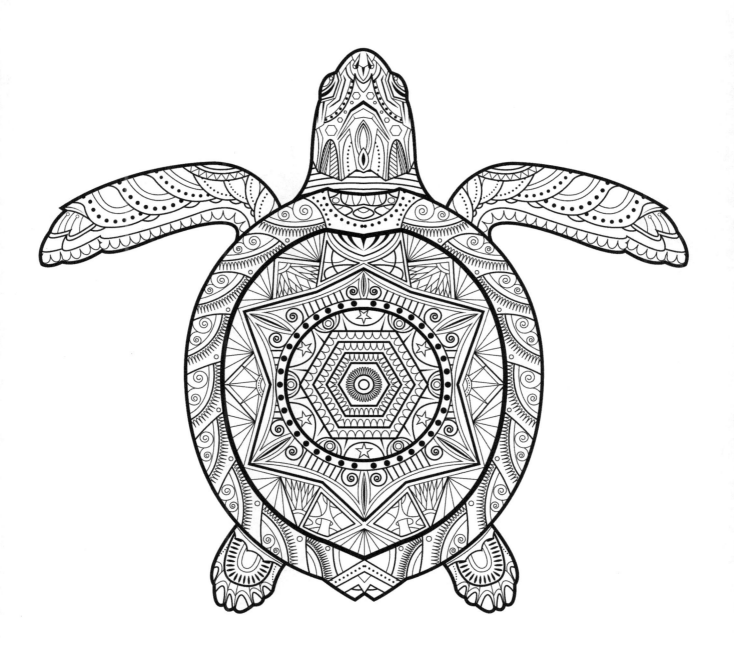

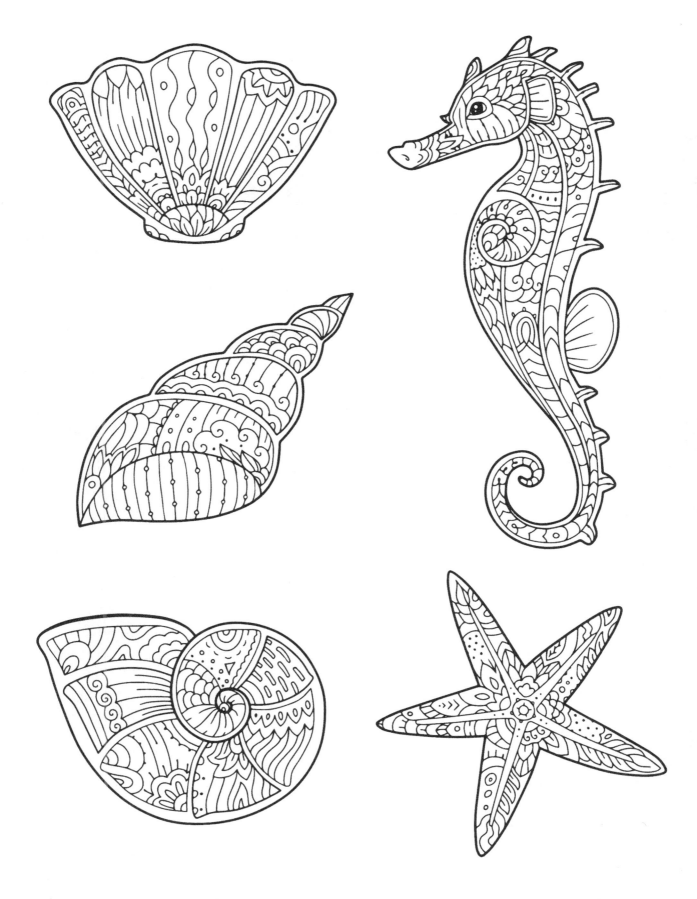

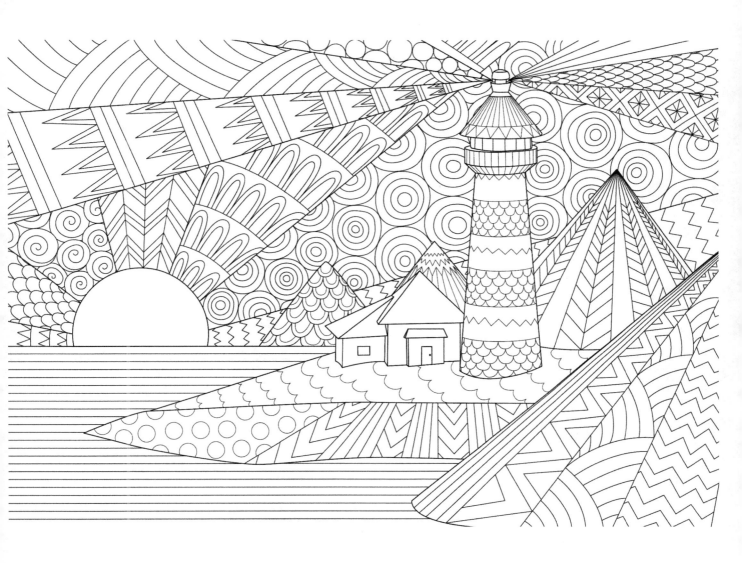

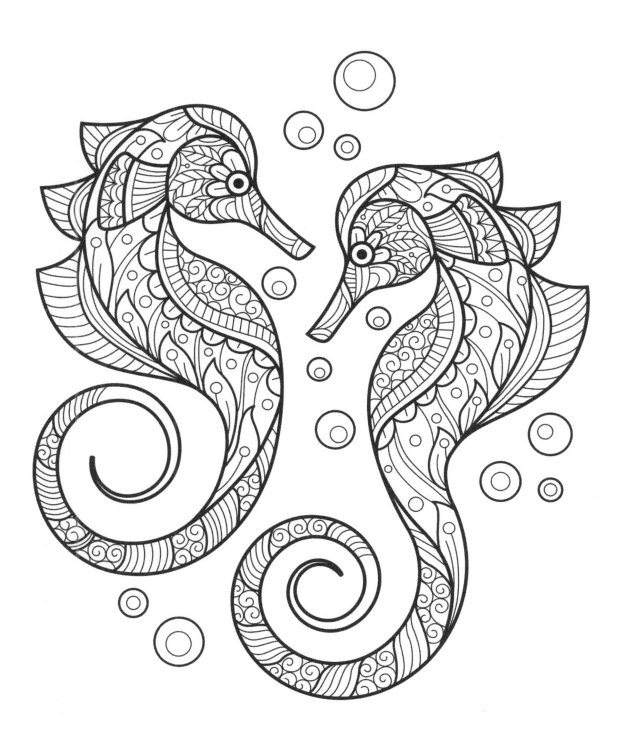

CPSIA information can be obtained
at www.ICGtesting.com
Printed in the USA
BVHW021410040523
663599BV00009B/118